Werner Menke wurde 1946 in Georgsmarienhütte bei Osnabrück geboren. Nach dem Abitur studierte er in Münster Germanistik und Biologie.

Von 1975 bis 2009 unterrichtete er am Mariengymnasium in Jever mit einer Unterbrechung von 1987 bis 1993. Für diesen Zeitraum war er als Lehrer an die Deutsche Schule zu Porto (Portugal) vermittelt.

Seit 2009 im Ruhestand, widmet er sich verstärkt seinen Freizeitaktivitäten: der Naturbeobachtung an der Küste, der regionalen Kulturgeschichte und der Lyrik.

Werner Menke

SPÜLSAUM

Momentaufnahmen

Die Deutsche Nationalbibliothek verzeichnet diese Publikation in der Deutschen Nationalbibliografie; detaillierte bibliografische Daten sind im Internet über http://dnb.dnb.de abrufbar.

© Werner Menke 2016
Umschlagbild und Portrait: Maria Menke
Herstellung und Verlag: BoD – Books on Demand, Norderstedt

ISBN 978-3-7392-4548-5

Für Marie

FÜR MARIE 1

Du verstehst meine Abende
Und teilst
Meine Winter
Die Eisblumen
Die ich dir reiche
Sie beginnen zu
Grünen
In deinem Atem.

FÜR MARIE 2

Die Tiefe
Nächtlicher Gewässer
Grundlos
Lass mich ertrinken
In deinen Augen
Schwarz.

FÜR MARIE 3

In meine Obhut
Lege dich schlafen
Schmiege dich ein
In mein Wachen
Lass mich sprechen
In deine Träume
Leise.

GEPRESSTE BLÜTE

Diese vergilbte Blüte
Zwischen die Seiten des Buches gelegt
In welchem Sommer hat sie geblüht?
Wem war sie Zeichen?
Wovon?

HERBSTABEND

Langsames Näherrücken
Des Horizonts

Dämmerflügel
Haben an die Luftharfe
Gerührt

Der Jäger zerreißt
Mit eigener Hand
Ihre Saiten

Lautlos
Fällt ein Nachttier
Herab.

WINTERBILD 1

Stieglitze
Klauben noch immer
An Distelköpfen
Des vergangenen Jahres
Harlekinaden im Schnee der
Gestern noch frisch war

Zwischen glänzenden
Maulwurfshaufen
Laufen Spuren
Regellos

Abseits
Steigt über dem Haus
Langsam und blau
Rauch
In die Kälte.

WINTERBILD 2

Telegraphendrähte
Durchschneiden die Luft
Aus der einzelne
Kristalle
Herausfallen

Krähen
Setzen schwarze Flecke

Der Jäger wirft Schatten
Über den Fluss
Während sein Atem
In Streifen
Vom Mund geht
Zittert das Schilfrohr.

WIESENMOOR

Der blasse Morgen
Im Wiesenschaumkraut

Leichte Schwaden von Feuchte
Über dem Abzugsgraben
Aus dem die Bekassine
In schnellem Zickzack
Zum Himmel steigt

Beim Balzflug der Weihe
Drückt der Kiebitz
Im Grase sich fester
Auf sein Gelege.

ABGEGRIFFENE WORTE

Es sind die alten
Abgegriffenen
Sätze
Aber du und ich
Wir sagen sie uns
Zum ersten Mal
Wie oft
Werden wir sie uns
Wiederholen
Bis sie am Ende
Leer geworden sind.

FOTOALBUM

Bei der Betrachtung
Der alten Fotografien
Zeigte meine Mutter
Oft auf die jungen Gesichter
Der ist in Russland geblieben
Der ist auch nicht
Wiedergekommen
Der ist zuletzt noch …
Jetzt wären sie
Alte Männer
Oder vielleicht auch
Schon gestorben.

LOTS WEIB

Flüchtend vor dem
Gewesenen
Wandte die Hoffende sich
Und blickte auf
Jahre zurück
Die sie nun mächtig
Festhielten

Da wusste sie dass
Der Rauch
Der sich hinter ihr hob
Für immer
Am Himmel stehe

Geht rief sie den
Wartenden zu
Geht ohne mich

Vor dem Chaos
Erstarrte sie langsam
Zuletzt
Schlossen sich
Steinschwer
Die Augen.

RUNKELRÜBEN

In den frühen dunklen Abend
Des Novembers tragen Kinder
Grob geschnitzte Rübenmasken
Ausgeschnittene Gesichter
Einer hohlen Runkelrübe
Bannen Nebel und Gespenster
Bannen Tod und Geisterspuk
Zauberei und Hexenspruch

Unter dichtem Blätterhaarschopf
Flackert unstet aus den Augen
Aus der Nase breitem Dreieck
Eine Flamme
Fratzenbild von Runkelrübe
Bannt den Nebel und Gespenster
Bannt den Tod und Geisterspuk
Zauberei und Hexenspruch

Zahnlos grinst der Quadermund
In den roten Wurzelbart
Auf der gelblich fahlen Wange
Dunkler die behaarten Warzen
Alte greise Runkelköpfe
Bannen Nebel und Gespenster
Bannen Tod und Geisterspuk
Zauberei und Hexenspruch

Rußig brennt die Kerze nieder
Kurzes Glimmen der Gesichter
Süßlich der Geruch versengten
Rübenfleisches in der Luft
Rauchgeschwärzte Runkelrübe
Bannt den Nebel und Gespenster
Bannt den Tod und Geisterspuk
Zauberei und Hexenspruch.

SPIEL: NICHT ‚NEIN' SAGEN

Wer schafft es am längsten
Frage auf Frage
Und jede
Fordert Verneinung
Aber auf keine
Darfst du mit Nein antworten
Beiß' dir auf die Zunge
Aber sage nicht ‚Nein'
Schließe die Lippen
Damit es dir nicht herausrutscht
Überlege erst dreimal und noch einmal
Vielleicht fällt dir
Eine gute Umschreibung ein
‚Niemals' ist gültig auch
‚Auf keinen Fall' ist erlaubt
‚Unmöglich' gilt als zulässige Antwort
Selbst ‚gar nicht' geht durch

Nur sage das Wort nicht
Das eine Wort nicht
Sage nicht
‚Nein'.

NIOBE

Die Felsen
Nahmen sie bei sich auf
Deren Herz unter Pfeilen
Versteinert war
Reglos
Der Zeit entzogener
Schmerz
Die Augen
Hielten das Gesehene nicht
Und wurden zum Quell
Ein Mund der
Überfließt.

DENDROCHRONOLOGIE

Die jungen Fichten
Zwischen denen wir in unseren
Umarmungen
Versuchten
Die Zeit einzufangen
Und doch wussten wir
Dass die Bäume uns
Überdauern
Vielleicht wird später einmal
Ein Jahresring im Holz
Dem Kundigen sagen
Dies war ein milder Sommer.

SEPTEMBERLIEBE

Längst überwallte Zeichen
Wann in die Rinde geritzt?
Chiffren der Liebe – der gleichen
Wie sie jetzt uns besitzt?
Während wir wortlos sinnen
Löst sich vom Baum ein Blatt
Wir spüren: Schon im Beginnen
Löst unsere Liebe sich ab.

Bilder aus Portugal

HERBST IN PORTO

Hier ist es Herbst
Wenn der Maronimann
Mit seiner rauchenden Dreiradkarre
An der Straße steht
Und aus den Blättern
Alter Telefonbücher
Seine Tüten faltet
In die er mit rußiger Hand
Kastanien abzählt.

DAS RAUSCHEN DES MEERES

Das Rauschen des Meeres
Ich habe es nicht gehört
Während des Tages
Aber jetzt
Dringt es ein
In die letzten
Minuten
Des Wachseins.

MÜNDUNG DES DOURO

Angeschwemmt
Ein Puppenkopf
Das Haar verklebt
Die Augen leere Höhlen
Die Wangen mit teerigen Flecken
Das Halsloch eine gähnende Öffnung.

ABEND 1

Noch sind
Die Farben erkennbar
Aber der Himmel
Und das Meer
Haben schon fast
Dasselbe blasse Blau
Ineinander fließend
Verliert sich
Die Linie des Horizonts.

ABEND 2

Die Wolke am Himmel
Scheint stillzustehen
Aber ihr Saum
Verändert
Seine Farben
Der Abend
Eben noch gleißendes Silber
Jetzt rötlich verblassend.

SANDWEG

In den Mulden
Des Sandwegs
Nehmen Sperlinge
Ein Staubbad.

LANDFLUCHT IM ALTENTEJO

Verfallende Häuser
Die es nach Jahren
Aufgegeben haben
Auf die Rückkehr
Ihrer Besitzer
Zu warten
Aus den Höhlen
Der Fenster
Wachsen jetzt
Großblättrig
Feigenbäume heraus.

GUADIANA BEI ALCOUTIM

(1. Fassung)

Der zur Mündung flutende Fluss
Der Gezeitenstrom des Meeres
Sie begegnen sich
Weit im Binnenland
Für einen Moment lang
Hat das Wasser
Aufgehört
Zu fließen.

(2. Fassung)

Ruhig strömt der Fluss
Zum Meer
Ruhig flutet die See
Ins Land
Fern der Küste
Stehen
Einen Moment lang
Die Wasser.

KÜSTE VOR CACELA VELHA

Verstreut über das Meer
Kleine Lichter
Die Fischerboote
Überziehen die dunkle See
Mit einem Netz
Schimmernder Perlen.

VERHANGENER BERG

Eine Wolke
Bedeckt den Gipfel des Berges
Hangabwärts wehend
Lösen ihre Schleier sich auf
Ich sehe den Fuß
Und weiß um die Höhen.

GRENZÜBERTRITT

Der Strom
An dem ich wohne
In diesem Land
Trägt er
Einen anderen
Namen.

Momentaufnahmen

HOCHSOMMER

Nach Regentagen
Ein Wetterumschwung
Der Himmel voller
Geflügelter Ameisen
Die Möwen
Feiern ein Fest.

SPINNE VOR DEM FENSTER

Im Gegenlicht
Kann ich den Faden
Nicht sehen
Mit dem die Spinne
Vor meinem Fenster
Ihr Netz baut
In der Luft
Schwebend
Schreibt sie ihre Muster.

DORNENZEICHEN

Die Dornen am Hag
Muster haben sie
In unsere Haut gerissen
Sommer-Tätowierungen
Für kurze Wochen.

SOMMERABENDE

Abende
Mit langen Dämmerungen
Die Farben des Tages
Eintauchend in ein
Grau das noch immer
Die Wärme der Sonne atmet
Doch schon mischen sich ein
Die Gerüche der Nacht.
Je mehr sich
Das Grau verdichtet
Umso hörbarer wird
Die Stille.

FEUERDORN

Die roten Beeren des Feuerdorns
Die Vögel
Haben sie längst
Geerntet
An den Ästchen
Der leeren Rispen
Glänzen jetzt
Tropfen von Tau.

FEDERLEICHT

Sanft
Schwebt eine Feder
Herab
Oben am Turm
Rupft
Der Falke
Seine Beute.

GERT FRÖBE

Und Opa erzählt
Gerne Geschichten
Aus der schlechten Zeit
Als Gert Fröbe
Noch aussah
Wie ein Hungerleider
Aber wer
Will das heute
Noch wissen?
Und überhaupt:
Wer kennt noch
Gert Fröbe?

PLATANEN

Platanen
Auf die Innenseiten
Der abgelösten Borken
Haben wir unsere Wünsche geschrieben
Und ließen sie treiben
Auf dem trüben Wasser
Des nahen Weihers.

LÄNDLICHER WEG

Über den Weg
Fliegt ein Schatten
Aufblickend sehe ich
Den Vogel nicht mehr
Der ihn warf.

ZUM BEISPIEL ÜBERLINGEN

Wer machen well sein peutel ring,
der frag den weg gen Überling

                        Oswald von Wolkenstein

Dort waren wir vor Jahren
Auf der Durchreise
Nach Süden
Und haben Station gemacht
Für eine Nacht.

WINDOPFER

Lass uns Brosamen
Auf die Fensterbank streuen
Dem Wind zum Geschenk
Freundlich soll er uns bleiben
Damit er uns nicht
Fortträgt
Das Dach.

TELEGRAPHENMASTEN

Telegraphenmasten
Windschräg
Reste von Drähten
Ihr Singen
Verstummte
Vor langer Zeit.

NACHBARSCHAFT

Der Mann
Aus dem Haus gegenüber
Natürlich kannte ich ihn
Wusste Beruf und
Ungefähr
Das Alter
Aber das meiste
Erfuhr ich erst
Bei der Leichenpredigt.

NOVEMBERSONNE

Die alte Frau
Auf der Parkbank
Ihr Gesicht
Mit geschlossenen Augen
Reglos
Hält sie es
In die Sonne
Des späten Herbstes.

HOCHWASSER

Das letzte Hochwasser
Hat sich schon lange
Verlaufen
Nur die Weiden
Am Fluss
Tragen noch immer
Seine fransigen Bärte.

PFAUENSCHREI

*Der Pfau schreit häßlich, aber sein Geschrei /
Erinnert mich ans himmlische Gefieder*

Johann Wolfgang Goethe
Chinesisch – Deutsche Jahres - und Tageszeiten

Plötzlicher Donner
Kündigt Gewitter an
Wie auf Kommando
Beginnen im Park
Alle Pfauen
Zu schreien.

BIRNBAUM

Der Birnbaum
Im Garten
Überreich
Trug er Frucht
Nur leicht
War der Wind
Der den stärksten Ast
Brach.

STEHENGEBLIEBENE UHR

Die Uhr am Glockenturm
Sie steht schon seit Wochen
Warum
Schaue ich trotzdem
Zu ihr hoch
Jedes Mal
Wenn ich vorbeikomme.

ALTER MANN

Seine Erinnerungen
Immer wieder
Hat er sie von Neuem
Erzählt
Und so haben
Sie sich langsam
Verändert
Schließlich hatte er
Was er erzählte
Niemals erlebt.

SCHNEEMANN

Früher
Trug der Schneemann
Augen aus Kohle
Und aus Kohle
Waren auch
Die Knöpfe
Seiner weißen
Weste.

FERNER REGEN

Die Wasser
Des Flusses
Steigen
Fern in den Bergen
Hat es geregnet.

TÜRSCHILD

Die Kinder
Sind schon lange
Ausgezogen
Aber
Auf dem Türschild
Stehen noch immer
Ihre Namen.

SORGLOSE KINDHEIT

Von ihren
Ängsten
Sprachen
Die Kinder
Erst Jahre
Später.

HERBSTLICHE PAPPELN

Die Pappeln
Haben fast alle
Blätter verloren
Nur in den Spitzen
Hocken noch Reste
Wie Vögel
Die im Wind
Schaukeln.

ANEINANDER - VORBEI

Du
Mich suchend
Ich dich
Haben wir uns
Verfehlt.

AUGUST

Erst nach einigen
Tagen
Fällt auf
Dass die
Mauersegler
Fehlen.

SINGENDE AMSEL

Das Lied der Amsel
Voll Schwermut dringt es
In mein Zimmer
Trete ich
Vor die Tür
Höre ich
Jubelnden Gesang.

HÄUSER AM SCHLAFDEICH

Eine Reihe
von wenigen Häusern
Geduckt
Hinter dem Schlafdeich
Nur noch von ferne
Rauscht das Meer
In ihre Träume.

DER FLUSS

Der Fluss
An dem ich gelebt habe
Ich war nie
An seiner Quelle
Ich war nie
An seiner Mündung.

DIE BEIDEN KIRCHEN

Die beiden Kirchen
Des Städtchens
Ihre Glocken
Schlagen die Stunde
Mit kleinem
Abstand.

SCHWALBENSOMMER

Schwalbensommer
Geschwätzige Zeit
Unter dem Dach
Nistet
Das Glück
Halte es fest
Mit leichtem Faden
Aus Zwirn.

KLEINSTADT

Hier halten
die Autos
Wenn eine Ente mit Küken
Die Straße
Quert
Aber den Kindern
Sollte man trotzdem
Einschärfen
Die Fußgängerampel
Zu benutzen.

WEIDE AM UFER

Ein leichter Windhauch
Unbewegt lässt er
Den Spiegel
Des Weihers
Nur die schwanken Zweige
Der Weide
Furchen sanft
Das Wasser.

EINGEBROCHENER
SCHLITTSCHUHLÄUFER

Nachdem die Leiche
Des eingebrochenen
Schlittschuhläufers
Geborgen war
Lag seine Mütze
Noch tagelang
Auf dem Eis.

INSCHRIFT

auf abgebrochener Säule
(Jüdischer Friedhof Schenum)

Als knospende Rose
Pflückte sie
Der Tod
Zum Herzeleid
Ihres Mannes
Und
Sie wurde
Hier
Begraben.

JANUAR 1945

Jahrzehntelang
War ihr Mund
Verschlossen
Nur die Schreie
Ihrer Träume
Ließen ahnen
Was ihr geschehen war
Erst als sie
Alt geworden war
Erzählte sie
Immer
Und immer wieder
Davon.

REGENTROPFEN

Ein Regentropfen
Perlt abwärts
Über die Fensterscheibe
Sein Schatten
Läuft aufwärts
Auf dem weißen Papier
Vor dem ich nachdenkend
Am Schreibtisch sitze.

ZILPZALP

Die Versprechungen
Des Frühlings
Der Weidenlaubsänger
Nimmt sie
Für bare Münze
Unermüdlich
Zählt er sie
Ab.

SANDERLINGE

Trittspuren
Im feuchten Sand
Hingetupft wie
Fernöstliche
Schriftzeichen.

WEIDENBLATT

Ein Weidenblatt
Auf eine Pfütze
Geweht
Schmales Boot
Kaum furcht es
Den Spiegel
Des Wassers.

FEINER REGEN

Aus grauem Himmel
Ein feines Nieseln
In großen
Tropfen
Fällt es
Aus den Weiden
Am Fluss.

WINTERSONNE

Die Bewegung
Der aufsteigenden Luft
Über der Heizung in der
Fensternische
Ich kann sie nicht sehen
Aber ich sehe
Die flirrenden Schatten
In dem schiefen Viereck
Das die niedrige Sonne
Auf den Boden wirft.

SPÜLSAUM 1

Der schmale Rand
Von Grus und Muschelgespinst
Bogenlinig
Der Spülsaum
Wo hört
Wo fängt
Land auf
Meer an?

MIESMUSCHEL-REZEPT

(Vorbereitungen)

Die Muscheln
Unter fließendem kalten Wasser
Gründlich abspülen.
Die Kalkreste von Seepocken
Auf den Schalen
Mit einer scharfen Bürste abreiben
Den faserigen Byssus-Bart
Der zwischen den Schalen heraustritt
Mit Daumen und Zeigefinger
Ergreifen
Und mit kräftigem Zug herausreißen
Klaffende Muscheln
Die sich auf leichten Druck
Nicht schließen
Verwerfen.

DER ORT DES SCHMERZES

Nicht immer
Hat der Schmerz
Seinen Ursprung da
Wo man ihn fühlt.

SCHNEESTAUB

Von den Ästen
Der Lärche
Stäubt feiner Schnee
Ein Flug Finken
Klaubt Samen
Aus den Zapfen.

TREPPENSTEIGEN

Treppauf
Treppab
Die kindliche Freude am Zählen
Keine ausgelassen
Jede Stufe
Gezählt.

STILLE

Das sanfte Rascheln der Halme
Der klagende Laut der Amsel
Das leise Murmeln des Wassers
Wieso nenne ich
Stille das
Was ich höre.

GARTEN IM WINTER

Ein Trupp
Schwanzmeisen
Durchstreift das winterliche
Gebüsch
Schon sind sie
Vorbei
Nur noch das
Nachzittern
Eines kleinen Zweiges
Bleibt
Einen Moment lang.

SPRACHE DER BÄUME

Die Schrift
Der rissigen Borke
Wie viele Lesarten gibt es?

Die Zeichen
In der Lineatur der Blätter
Wie viele Deutungen?

Der Ton
Im Rauschen der Krone
Wie viele Botschaften sind zu hören?

SPÜLSAUM 2

Am Saum der Gezeiten
Welle um Welle
In wechselnden Bögen
Trocknet knisternd der Schaumrand
Spuren zeichnend
Spuren löschend.

FISCHKUTTER

Der Kutter
In seinem Schlepp
Eine Wolke
Von Möwen.

BARBARABAUM

Ein Zweig des Kirschbaums
Gebrochen bei Frost
Gebracht in die Wärme
Der Wohnung
Draußen
Tupfer von Schnee
Drinnen
Flockende Blüten.

STRANDHAFER

Die Zirkel
Des Strandhafers
Der Wind
Schlägt mit ihnen
Kreisbögen
In den Sand
Der Dünen.

VOGELNEST IM OKTOBER

In den Zweigen
Der kahlen Hecke
Ein altes Nest
Lange verlassen
Gibt es Kunde
Vom verborgenen
Leben des
Sommers.

DOHLENZEIT

Dohlenumflattert
Der Kirchturm
Seine Uhren
Zeigen
Auf jeder Seite
Eine andere
Stunde.

BORKENSCHIFFE

Damals
Im Knabensommer
Die Luft voller
Harzarom

Das braunrissige Stück
Von der Borke der Kiefer
Unter der Klinge des Messers
Formte es sich
Zum Schiff

Korkleichte Barke
Wir ließen sie fahren
Den Bach hinunter

Die Rindenschiffe unserer Jugend
In welchen Häfen
Sind sie angelandet?

NACHLASSENDES GEHÖR

Das Zirpen der Grille
Nur wenn ich den Kopf
Genau in die Richtung halte
Kann ich es noch
Hören.

FORTGESCHRITTENES ALTER

Das
Was noch kommt
Gestern
War es meine
Hoffnung
Heute ist es mein
Sorgen.

Inhaltsverzeichnis

Für Marie..

    Für Marie 1...6
    Für Marie 2...7
    Für Marie 3...8
    Gepresste Blüte...9
    Herbstabend..10
    Winterbild 1...11
    Winterbild 2...12
    Wiesenmoor...13
    Abgegriffene Worte..................................14
    Fotoalbum..15
    Lots Weib..16
    Runkelrüben...18
    Spiel: Nicht ‚Nein' sagen...........................20
    Niobe..22
    Dendrochronologie..................................23
    Septemberliebe...24

Bilder aus Portugal..**25**

    Herbst in Porto..26
    Das Rauschen des Meeres.......................27
    Mündung des Douro.................................28
    Abend 1..29
    Abend 2..30
    Sandweg...31
    Landflucht im Altentejo.............................32
    Guadiana bei Alcoutim..............................33
    Küste vor Cacela Velha..............................34
    Verhangener Berg.....................................35
    Grenzübertritt...36

Momentaufnahmen..37
Hochsommer..38
Spinne vor dem Fenster.................................39
Dornenzeichen..40
Sommerabende...41
Feuerdorn..42
Federleicht..43
Gert Fröbe...44
Platanen..45
Ländlicher Weg...46
Zum Beispiel Überlingen................................47
Windopfer...48
Telegraphenmasten......................................49
Nachbarschaft...50
Novembersonne...51
Hochwasser..52
Pfauenschrei...53
Birnbaum..54
Stehengebliebene Uhr..................................55
Alter Mann..56
Schneemann...57
Ferner Regen..58
Türschild...59
Sorglose Kindheit..60
Herbstliche Pappeln......................................61
Aneinander - Vorbei......................................62
August..63
Singende Amsel..64
Häuser am Schlafdeich..................................65
Der Fluss...66
Die beiden Kirchen.......................................67
Schwalbensommer.......................................68

Kleinstadt...69
Weide am Ufer..70
Eingebrochener Schlittschuhläufer....................71
Inschrift...72
Januar 1945..73
Regentropfen...74
Zilpzalp..75
Sanderlinge..76
Weidenblatt..77
Feiner Regen..78
Wintersonne..79
Spülsaum 1...80
Miesmuschel-Rezept..81
Der Ort des Schmerzes..82
Schneestaub..83
Treppensteigen...84
Stille...85
Garten im Winter..86
Sprache der Bäume..87
Spülsaum 2...88
Fischkutter...89
Barbarabaum...90
Strandhafer..91
Vogelnest im Oktober..92
Dohlenzeit..93
Borkenschiffe..94
Nachlassendes Gehör..95
Fortgeschrittenes Alter.......................................96